Die Farben Indiens

Textile Inspirationen aus
Stoff, Papier und Wolle

von Jutta Sutter

Bibliografische Information der Deutschen Nationalbibliothek
Die Deutsche Nationalbibliothek verzeichnet diese Publikation in der Deutschen Nationalbibliografie; detaillierte bibliografische Daten sind im Internet über http://dnb.d-nb.de abrufbar.

Layout: Johanna Schmidt
Druck: Joh. Walch GmbH & Co KG, Augsburg

© Wißner-Verlag, Augsburg 2009
www.wissner.com

ISBN 978-3-89639-736-2

Das Werk und seine Teile sind urheberrechtlich geschützt. Jede Verwertung in anderen als den gesetzlich zugelassenen Fällen bedarf deshalb der vorherigen schriftlichen Einwilligung des Verlages.

Vorwort

Jede Frau kennt das Gefühl, wenn ihr das Herz aufgeht bei edel bestickten Stoffen, Perlen, Bändern, Pailletten. Eintauchen in eine traumhafte Welt der Farben, des Schmucks, der Ornamente, der Weiblichkeit! Faszinierende alte Handwerkstraditionen wie Nähen, Sticken, Färben finden sich in Indien nach wie vor, in Europa leider kaum noch. Eine Verbindung nach Indien kennen wir jedoch durch vielerlei Motive und Ornamente im Alltag. Unser Leben ist heute nicht mehr nur europäisch, sondern durch eine Vielfalt anderer Kulturen, geprägt.
Eine ganz persönliche textile Umsetzung finden Sie in diesem Buch – lassen Sie sich inspirieren!

Sonne
Die Sonne ist ein Symbol einer der 14 Träume, die die Mütter Mahaviras (spiritueller Lehrer 599 – 527 v. Chr.; ein Zeitgenosse Buddhas) träumten. Die Träume kündeten von der edlen Natur Mahaviras.

Inhalt

Stoffarbeiten
Yogadecke 9
Tagesdecke 15
Kissen 26
Patchwork 28
Taschen mit Stickereien 31

Indische Weisheit 38

Papierarbeiten
Textilkarten 39
Geschenkanhänger 40
Lesezeichen 41
Tischlämpchen 44

Wollarbeiten
Brillenetui 46
Ovales Tischset mit Untersetzern 48
Schalen 50
Runde Sitzkissen 53
Bunte Schnüre mit Herzen 57

Weitere Vorlagen 59
Ideensammlung 60
Zu meiner Person 63

Yogadecke

Material für eine Yogadecke in Größe 60 × 180 cm

Oberseite
Baumwollstoffe in der Waschmaschine gefärbt mit PROCION MX DYE Farben, Stoffbreite 110 cm.

Oberseite	Maße in cm
pink	65
smaragdgrün	25
lila	35
hellgrau	15
gelborange	25

Rückseite	Maße in cm
lila	130

- Wattierung: Polyestervlies N° 280 Freudenberg
- Quiltfaden lila
- Karton und feines Sandpapier für Schablonen

Yoga ist ein sehr altes meditatives Übungssystem, das Körper, Geist und Seele harmonisiert.

Zuschnitt

Berücksichtigen Sie vor dem Zuschnitt eine Nahtzugabe von 0,7 cm.

	Maße in cm	Farbe		Maße in cm	Farbe
2 Streifen	10 × 60	pink	16 Quadrate	7 × 7	lila
2 Streifen	10 × 50	pink	9 Quadrate	7 × 7	gelborange
3 Streifen	10 × 40	pink	3 Quadrate	7 × 7	smaragdgrün
2 Streifen	10 × 30	pink	4 Dreiecke	10 × 7 × 7	hellgrau
1 Streifen	10 × 40	gelborange	4 Dreiecke	10 × 7 × 7	lila
4 Streifen	10 × 40	lila	4 Dreiecke	10 × 7 × 7	gelborange
2 Streifen	10 × 30	lila	8 Dreiecke	10 × 7 × 7	pink
8 Quadrate	10 × 10	smaragdgrün	32 Dreiecke	7 × 5 × 5	pink
8 Quadrate	7 × 7	hellgrau	32 Dreiecke	7 × 5 × 5	smaragdgrün

Für das Zuschneiden der kleinen Quadrate und der Dreiecke ist die Herstellung einer Schablone zu empfehlen. Nehmen Sie einen Karton und geben Sie zur Vorlage eine Nahtzugabe von 0,7 cm dazu. Auf den Karton kleben Sie nun in der Größe der Vorlage das Sandpapier. Es dient lediglich dazu, dass die fertige Schablone auf dem Stoff nicht verrutscht. Die Eckpunkte markieren, indem Sie mit einer Nadel durchstechen. Auf den Stoff aufgelegt, können diese Eckpunkte mit einem Stift gekennzeichnet werden.

Verarbeitung

Nähen Sie zuerst die Innenmotive der Vorderseite zusammen. Nähte ausbügeln und anschließend die Streifen anbringen. Nun werden die drei Einzelteile aneinandergenäht.

Das fertige Top, Vlies und die Rückseite verstürzen, eine schmale Seite bleibt dabei offen.

Den Saum einschlagen und nun die Naht von Hand schließen.

Beim abschließenden Quilten lassen sich die geraden Linien einfach als Muster weiterführen.

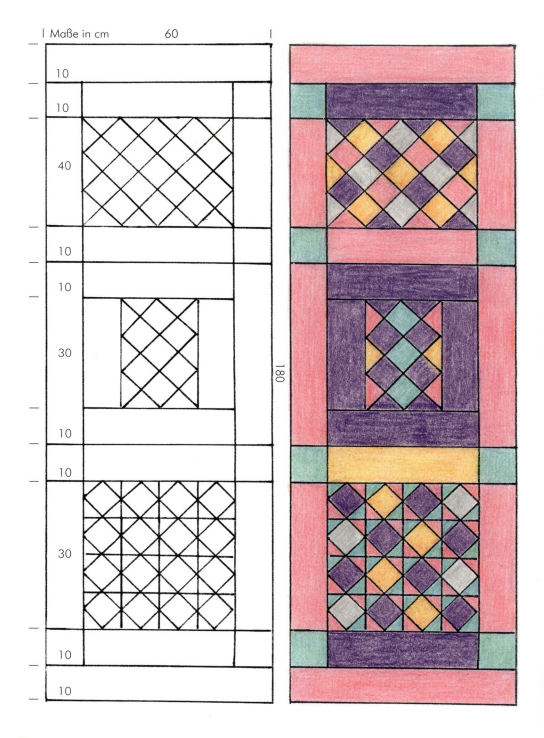

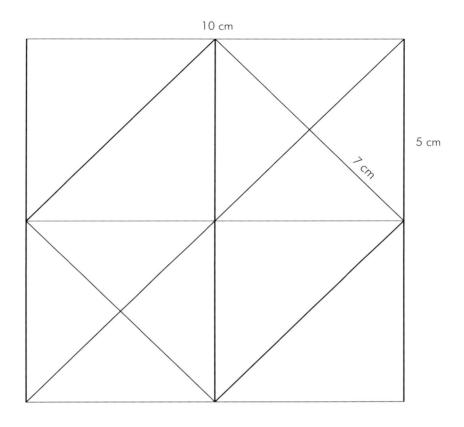

Muster für eine fertige Schablone

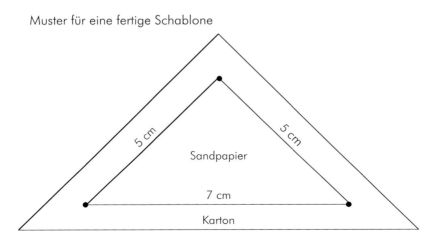

Tagesdecke

Freies Maschinenquilten
Das freie Quilten mit der Nähmaschine kommt hier bei dieser Decke zum Einsatz. Dabei wird mit einem Freihandquiltfuß oder Stopffuß gearbeitet. Der Stofftransporteur wird ausgeschaltet. Sie können nun frei in alle Richtungen nähen.

Material für eine Tagesdecke in Größe 145 × 150 cm
Baumwollstoffe in der Waschmaschine und von Hand gefärbt mit PROCION MX DYE Farben.

Farben und Mengen

Oberseite	Maße in cm		Maße in cm
rosa hell – Batikeffekt	90 × 32	gelb	50 × 32
rosa dunkel	50 × 32	orange	50 × 32
flieder hell	75 × 32	orangerot – Batikeffekt	32 × 32
flieder dunkel	50 × 32	dunkelrot	100 × 32
gelb hell – Batikeffekt	32 × 32	altrosa (Randfarbe)	125 × 70
Stoff für Verbindungsstreifen			125 × 110

Rückseite	Maße in cm
flieder	210 × 110

- Wattierung: Polyestervlies N° 280 von Freudenberg
- Maschinenstickgarn Rayon – z. B. Madeira N° 40
- Maschinensticknadeln
- Sprühzeitkleber oder Nadeln
- Sublimatstift oder Trickmarker

Verarbeitung
Die Decke besteht aus 21 einzelnen Blöcken und 4 Randstreifen mit 4 kleineren Quadraten.

Die Motive Elefant, Mandala, Lotosblüte, Blume mit Blätter und 2 Ornamente werden entsprechend des Sandwiches vergrößert. Danach werden sie mit einem Sublimatstift oder Trickmarker auf den Stoff übertragen.

Es gibt folgende Möglichkeiten, die Motive zu übertragen:
1. Bei einem hellen, leichten Stoff lässt sich das Motiv direkt durch Auflegen auf die Vorlage übertragen.
2. Die Vorlage an einer Fensterscheibe mit einem Klebeband befestigen, den Stoff darüberlegen und ebenfalls an der Scheibe befestigen.
3. Eine Glasplatte, die z. B. auf gestapelten Bücher liegt, von unten mit einem Lämpchen beleuchten. Die Vorlage und darüber den Stoff auf die Glasplatte legen und nun das Motiv übertragen.

Vorbereiten der Sandwiches
Ein Sandwich besteht aus 3 Lagen: Oberstoff mit Motiv, Vlies und Stoffrückseite. Die Lagen lassen sich mit Sprühzeitkleber oder Nadeln befestigen. Bereiten Sie sich ein oder mehrere Sandwiches vor, bis Sie sich beim freien Quilten sicher fühlen.
Der Zuschnitt erfolgt ohne Nahtzugabe gemäß der Vorlage.

Kreise

Bei beiden Elefanten werden auch Kreise in freiem Maschinenquilten aufgenäht. Sie wirken sehr dekorativ und sind einfach in der Ausführung.
Die Sandwiches für die Elefanten sollten etwas größer zugeschnitten sein, da sie beim Quilten mit den Kreisen etwas schrumpfen.

Fertigstellung

Alle einzelnen Sandwiches werden nun zusammengesetzt und mit Stoffstreifen verbunden. Siehe Anleitung auf Seite 18.
Die Stoffstreifen für die inneren Blöcke sind 3 cm breit.
Die Stoffstreifen für den Rand sind 4,5 cm breit.
Die Nahtbreite beträgt 0,7 cm, der eingeschlagene Saum ebenso 0,7 cm.

Die fertigen einzelnen Reihen wiederum mit Verbindungsstreifen aneinandernähen.
Der äußere 4,5 cm breite Randstreifen wird an der Stoffoberseite festgenäht. Nun wird er auf die Rückseite umgeschlagen und wiederum mit einem 0,7 cm breiten Saum von Hand festgenäht.

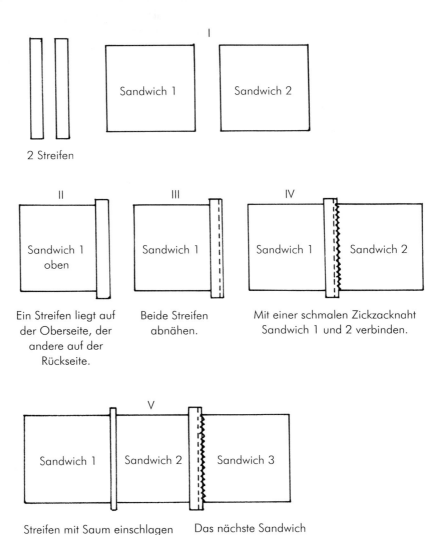

15×15	115×15				15×15
15×120	15×30	30×30	15×30	40×30	15×30	15×120

(Layout diagram, Maße in cm)

	15×30	30×30	15×30	40×30	15×30	
				30×15		
	30×15	15×30	30×30	15×30	30×15	
	15×30	30×30	15×30	40×30	15×30	
	30×15					
	30×15		40×30	15×30	30×30	
15×15	115×15					15×15

Maße in cm

Elefant
Er gilt als Inbegriff von
Kraft und Weisheit.

Lotosblüte
Die Lotosblüte wächst im Morast,
aber die Blüte erhebt sich zum
Licht. Sie ist ein Symbol universeller
Reinheit und Fruchtbarkeit.

Mandala
Ein Mandala dient als Meditationsobjekt. Es stellt
auch die Vielschichtigkeit des Universums dar.

Kissen

Die Motive Elefant, Mandala und Lotosblüte auf der Vorderseite der Kissen sind in Trapuntotechnik gearbeitet. Sie bekommen dadurch einen besonders plastischen Ausdruck.

Material für ein Kissen in Größe 40 × 40 cm
- Oberstoff: 45 cm × 45 cm feines Leinen oder Baumwolle in beige
- 45 cm Baumwolle als Stoffrückseite für ein Sandwich
- Wattierung: 45 cm Thermolan
- Stecknadeln
- Maschinenstickgarn beige
- wasserlöslicher Faden
- beiger Reißverschluss

Der Zuschnitt der Quadrate ist größer berechnet, da der Stoff beim freien Maschinenquilten mit dem später beschriebenen Stipplingmuster und den Kreisen etwas schrumpft.

Übertragen der Motive
Die Möglichkeiten, die Motive Elefant, Lotosblüte und Mandala auf den Stoff zu übertragen, finden Sie bei der Tagesdecke auf Seite 16 beschrieben.

Verarbeitung
1. Schritt
Das gewählte Motiv mit Vlies unterlegen, mit Nadeln befestigen und mit einem wasserlöslichen Faden nur die Konturen des Motivs abnähen. Die Nadeln entfernen und das Vlies auf der Rückseite vorsichtig an den Konturen zurückschneiden.
2. Schritt
Vorbereiten eines Sandwiches: nochmaliges Unterlegen der Gesamtgröße des Kissens mit Vlies, darunter wiederum den rückwärtigen Baumwollstoff. Alle 3 Lagen glatt streichen und mit Nadeln zusammenheften.
3. Schritt
Das wasserlösliche Garn durch Maschinenstickgarn ersetzen und das Motiv auf der Vorderseite in freiem Maschinenquilten aufnähen.

Das wasserlösliche Garn löst sich beim Waschen auf, deshalb muss die zweite Naht nicht deckungsgleich sein.

Fertigstellung der einzelnen Kissen

Mandala und Lotosblüte

Das Stipplingmuster ist eine fortlaufende Linie, die nicht unterbrochen ist. Es eignet sich gut, um Hintergründe auszufüllen.

Elefant
Kreise lassen sich leicht fortlaufend nähen, wie hier beim Elefanten.

Vorder- und Rückseite des Kissens zurechtschneiden, den Reißverschluss einnähen und die Seitennähte schließen.

Patchworktaschen

Material
- Oberstoff: Leinenstoffreste, die für die große Tasche eine Gesamtfläche von 45 cm × 45 cm, bzw. 40 cm × 40 cm für die kleinere Tasche, ergeben. Quadratgröße 7 × 7 cm, incl. Nahtzugabe
- Wattierung: Fliesofix H630 aufbügelbar
- Futter: Baumwollstoff für die große Tasche 50 cm, für die kleine Tasche 40 cm
- Organzaband ca. 2,50 m, Perlen, Pailletten, kleine Glöckchen, Stickgarn …
- Knopf
- ca. 25 cm langes, schmales Satinband für den Verschluss
- 4 cm breites Leinenband; Länge 1,20 m bzw. 1 m

Verarbeitung
- Unterschiedlich gemusterte Leinenstoffquadrate werden für die entsprechende Tasche zugeschnitten und zu einer Fläche zusammengenäht. Die Nähte anschließend ausbügeln.
- Außentaschenteile mit Nahtzugabe nach Vorlage endgültig zuschneiden, zusammennähen und den oberen Saum einheften.
- Futter ca. 0,3 cm kleiner als die zugeschnittene Außentasche zuschneiden.

- Wattierung ohne obere Saumzugabe zuschneiden; andere Außenmaße entsprechen der Futtergröße. Anschließend auf das Futter aufbügeln.
- Eine kleine Innentasche kann jetzt auf das Futter aufgenäht werden.
- Futterteile zusammennähen und den Saum einheften.
- Schulterband: Organzaband auf das Leinenband aufnähen.
- Saum der Außentasche und das Schulterband knapp an der Oberkante der Tasche abnähen.
- Verzierungen wie Bänder, Perlen, Glöckchen auf den Außenstoff anbringen.
- Das Futter einstecken und den Saum von Hand innen festnähen.
- Dort, wo die Lasche für den Verschlussknopf befestigt wird eine kleine Lücke belassen, damit das Band eingeschoben und festgenäht werden kann.
- Zum Schluss den Knopf annähen.

Saum

2 cm

Mustervorlage entsprechend der seitlichen Längenangaben vergrößern

kleine Tasche: 31,5 cm

Stoffbruch

große Tasche: 37 cm

Taschen mit Stickereien

Blaue Tasche

Material
- fester blauer Baumwollstoff (auch Vorhang- oder Möbelbezugsstoff) 20 × 58 cm
- hellblauer Stoffrest für das Motiv auf der Vorderseite
- Wattierung: Fliesofix H630 aufbügelbar
- Innenfutter: Baumwollstoff 20 × 58 cm
- schmale Satinbänder in den Farben dunkelblau, hellblau, schwarz, flieder
- Stickgarn in hellblau, flieder, lila, grün, gold
- schwarzes Baumwollhäkelgarn für die Kordel; gegebenenfalls Goldfaden
- fliederfarbene Wolle
- bunte Perlen
- schwarze Kordel 1,60 m
- Knopf für Verschluss

Verarbeitung
- Außenstoff und Innenfutter mit Nahtzugabe zuschneiden.
- Wattierung um ca. 0,3 cm kleiner als das Innenfutter zuschneiden.
- Aufnähen der Rhombe und der Satinbänder.
- Fliederfarbene Wolle mit Zickzackstich aufnähen.
- Zierstiche nach Wahl mit der Maschine aufsticken.
- Mit Handstickstichen, z. B. Kettenstich, verzieren.
- Perlen aufnähen.
- Vorder- und Rückseite der Tasche mit fliederfarbenem Wollband in Längslinien in einem Abstand von ca. 1 cm verzieren (Zickzackstich).
- Futterstoff und Außenstoff rechts auf rechts legen, zusammennähen. Innenkante der Tasche zum Wenden offen lassen. Tasche nach rechts wenden und den Saum von Hand an der Innenkante festnähen.
- Innenfutter mit Vorstichen in ca. 4 cm Abstand vorsichtig abnähen. Dabei nicht durch den Außenstoff stechen.
- Vorder- und Rückseite der Tasche mit Langettenstich zusammennähen.
- Lasche für den Knopf mit Knopflochstichen herstellen. Der Knopflochstich ist im Grunde ein Langettenstich, allerdings in engen Abständen ausgeführt.
- Knopf annähen.
- Kordel an den Taschenseiten festnähen.

Kettenstich

Langettenstich

Orangefarbene Tasche

Material
- Oranger und dunkelroter Baumwollstoff; orange 20 × 22 cm, dunkelrot 20 × 40 cm
- kleine bordeauxfarbene Stoffreste
- Wattierung und orangefarbenes Futter siehe blaue Tasche
- schmale Satinbänder in den Farben dunkelblau, hellblau, schwarz, flieder
- schwarzes Satinband
- Satinband in gold ca. 2,5 cm breit
- Goldband
- pinkfarbene Wolle mit feinen Fransen
- Stickgarn in orange, flieder, pink und gold
- bunte Perlen
- schwarze Kordel 1,60 m
- Knopf für Verschluss

Verarbeitung siehe blaue Tasche
Die Verarbeitungsschritte erfolgen gemäß der blauen Tasche.
Zusätzlich können folgende Zierstiche zur Anwendung kommen:
- offener Kettenstich
- Margeritenstich
- Maschenstich

Zum Schluss an der Verschlussklappe innen einen Druckknopf aufnähen.

Maschenstich

Margeritenstich

offener Kettenstich

3,5 cm

14 cm

18 cm

18 cm

18 cm

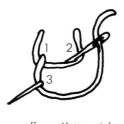

offener Kettenstich

Kettenstich

Maschenstich

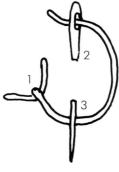

Langettenstich

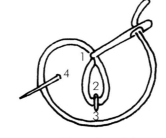

Margeritenstich

Shantinatha
Er steht für sozialen und persönlichen Frieden und die Abwendung von Gefahr.
An Shantinatha richtet man Gebete um den Weltfrieden.

Suche nicht nach jenem Blumengarten,
O Freund, strebe nicht dort hinzugelangen!
In deinem Körper ist der Blumengarten.
Nimm deinen Sitz ein auf dem tausendblättrigen Lotus
Und schaue so die Unendlichkeit der Schönheit.

Kabir
(Quelle: Stephan Schuhmacher:
Indische Weisheiten,
München 2006, S. 143)

Textilkarten

Material
- z. B. farbiges Tonzeichenpapier DIN A5
- Textilkleber

Verarbeitung
Ideale Grundlage ist Gaze, erhältlich im Künstlerbedarf, oder anderer feiner Stoff. Außerdem:
- Reste aller Art wie Stoff, Organza, Geschenkbänder, Filz, Papier auf die Gaze aufkleben.
- Das Motiv mit Zierstichen einarbeiten.
- Das fertiggestellte Motiv auf das Tonpapier aufkleben und mit einem Zierstich festnähen.
- Zum weiteren Verzieren können Glitterfarben für Stoffe (z. B. Marabu) aufgetragen werden.

Geschenkanhänger

Material siehe Seite 39.

Verarbeitung
Das Motiv auf den Anhängern wird wie bei den Textilkarten angefertigt.
In der Öffnung wird ein feines Band oder eine Kordel in der Länge von 25 cm befestigt.

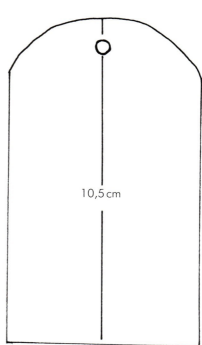

Geschenk-
anhänger

10,5 cm

Lesezeichen

Material
- Lutradur, erhältlich im Textilfachhandel
- Seidenmalfarben
- Fliesofix
- Organzastoff mit Aufdruck, erhältlich im Bastelladen
- Geschenk- oder Wollbänder
- Perlen
- Textilkleber

Verarbeitung
- Lutradur mit Seidenmalfarben einfärben.
- Nach dem Trocknen Fliesofix aufgebügeln. Darauf wiederum den Organzastoff aufbügeln.
- Lesezeichen nach Muster zuschneiden. Bänder für innen gleich mit einarbeiten und verkleben. Beide Teile nun zusammenklappen und verkleben.
- Bänder, die oben aufgenäht werden, mit Textilkleber positionieren und mit einem Zierstich befestigen. Den Rand ebenfalls mit einem Zierstich fixieren.

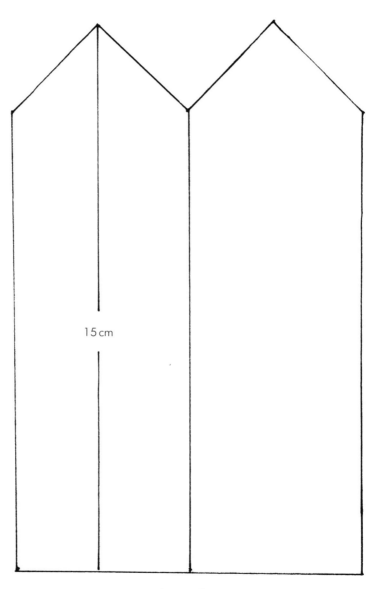

Lesezeichen

Tischlämpchen

Material
- Lutradur, erhältlich im Textilfachhandel
- Seidenmalfarben und breite Pinsel
- Glitter
- Goldfolie
- Pattex compact Kraftkleber

Verarbeitung
- Lutradur mit Seidenmalfarben einfärben. Im nassen Zustand eventuell Glitter aufstreuen.
- Nach dem Trockenen je Licht auf die Maße 10 × 24,5 cm zuschneiden.
- Die Ränder mit aufgeklebter Goldfolie einfassen. Muster lassen sich leicht mit einem stumpfen Messer eindrücken.

Divali-Fest
Das fünftägige Divali-Fest ist eines der wichtigsten Feste der Hindus. In und um das Haus werden Lichter entzündet. Sie erinnern an Ramas Rückkehr aus dem Exil.

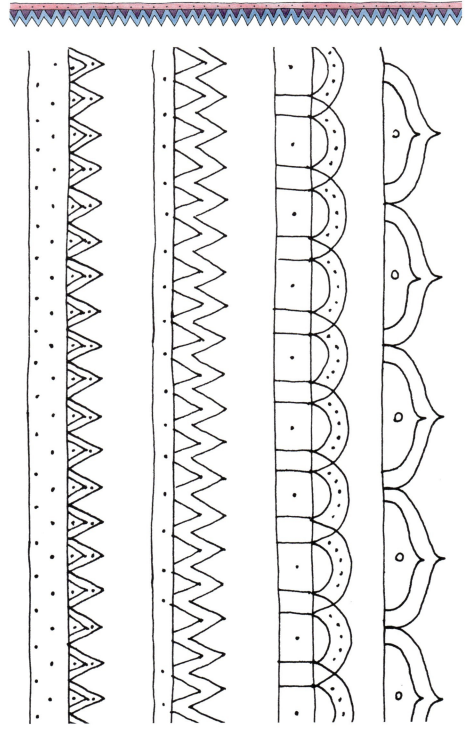

Brillenetui

Ideen mit der Filzmaschine

Material
- Wollstoff 21 × 22 cm; lila und pink
- Wollvlies
- Bastelfilz für Innen (20 × 21 cm) und für die Blumen (orange, grün, himbeer)
- Kammzugwolle in gelb, orange, hellrosa
- Schwarzes Gummiband 12 cm
- Knopf

> **Filzmaschine**
> (Punchmaschine)
> Mit einer Filzmaschine lassen sich Stoffe, Fasern und Garne verfilzen.

Verarbeitung
- Auf den Wollstoff das Wollvlies in großen runden Formen aufpunchen.
- Bastelfilz von der Außenseite aufpunchen. Gleichzeitig das Gummiband (vorsichtig!) festpunchen.
- Ein kleines Stück Filz, entsprechend der Innenfarbe, an der Gummibandstelle mitpunchen (wegen besserem Halt).
- Ein weiterer Effekt kann erzielt werden, wenn von innen z. B. gerade Linien oder runde Formen auf den Filz gepuncht werden, die dann auf der Vorderseite sichtbar werden.

- Blumen (Bastelfilz) auf der Vorderseite aufpunchen.
- Die Endgröße (19,5 × 19 cm; Höhe × Breite) nachmessen und eventuell nachschneiden.
- Seitenteile übereinanderlegen und festpunchen; Knopf auf der Vorderseite festnähen.

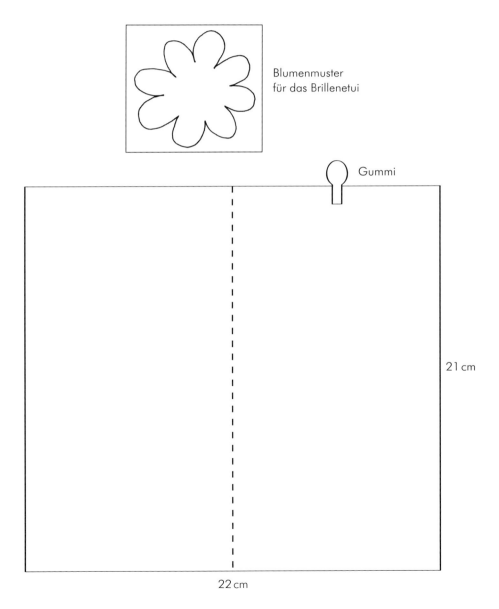

Blumenmuster für das Brillenetui

Gummi

21 cm

22 cm

Ovales Tischset mit Untersetzern

Ideen mit der Filzmaschine

Material für ovales Tischset
- grauer Wollstoff; Stoffbreite 38 cm
- Kammzugwolle in den Farben bordeaux, braun und schwarz
- schwarze Wolle für den Rand
- angerührter Tapetenkleister und Pinsel

Verarbeitung
Den Wollstoff oval, in der Größe 28 × 35 cm zuschneiden und die Kammzugwolle fein abgezogen strahlenförmig mit der Punchmaschine einarbeiten. Die schwarze Wolle als Randabschluss anschließend einpunchen.
Nun wird das Tischset mit einem breiten Pinsel gut eingekleistert und auf eine Plastikfolie gelegt. Auf glatten und ebenen Untergrund achten und über Nacht trocknen lassen.

Material für Untersetzer
- Wollstoff in den Farben lila und pink
- Kammzugwolle in den Farben orange, rosa, bordeaux, flieder
- Tapetenkleister und Pinsel

Verarbeitung
- Aus dem Wollstoff Kreise mit 10 cm Durchmesser ausschneiden.
- Die Kammzugwolle fein abziehen und z. B. in runden Formen auf den Kreis legen und aufpunchen.
- Kreise einkleistern und über Nacht trocknen lassen.
- Der Untersetzer wird nun auf einen Kreis mit Durchmesser 8,5 cm verkleinert und mit einem passenden, farbigen und engen Zickzackstich eingefasst.

Schalen

Ideen mit der Filzmaschine

Material
- Wollstoff
- Kammzugwolle
- Wolle oder auch Bastelfilz
- glänzendes breiteres Bändchengarn
- angerührter Tapetenkleister mit Pinsel

Verarbeitung
- Runde oder ovale Form aus dem Wollstoff ausschneiden.
- Blumen oder andere Motive aus Wolle oder Filz mit der Punchmaschine einarbeiten.
- Die Schale gut einkleistern und über eine andere feste Form (z. B. Keramikschüssel) legen; über Nacht trocknen lassen. Bei zu geringer Steifigkeit das Kleistern nochmals wiederholen.
- Bei der runden Schale wurde als Randabschluss ein glänzendes Bändchengarn mit Handstichen befestigt.

Runde Sitzkissen

Material
- Wollstoff in den Farben rosa, lila, grau, flieder, schwarz, Kreisdurchmesser 42 cm
- Baumwollmolton als Einlage, Kreisdurchmesser 40 cm
- Nähfaden in passender Farbe

Verarbeitung
- Wollstoff und Baumwollmolton doppelt zuschneiden. Beim Baumwollmolton darauf achten, dass dieser ca. 0,5 cm kleiner zugeschnitten wird als der obere Wollstoff.
- Das Motiv für oben kann seitenverkehrt auf die Rückseite des Wollstoffes gelegt werden und mit leichten Punkten von einem dunklen Filzstift markiert werden. Ebenso kann auch ein weicher Holzstift auf der Vorderseite verwendet werden. Dieser verschwindet durch leichtes Abreiben. Das ausgeschnittene Motiv auf die Oberseite des Wollstoffs heften und mit einem engen Zickzackstich aufnähen.
- Schließlich werden alle 4 Lagen der Reihe nach aufeinandergelegt und abgeheftet.
- Der Rand wird mit einem engen und breiteren Zickzackstich abgenäht. Beim Nähen darauf achten, dass der Wollstoff sich nicht zieht. Dabei den Oberstoff beim Nähen leicht nachschieben.
- Damit der Baumwollmolton innen nicht verrutscht, mit einer Geradstichnaht ca. 1 cm vom Rand nochmals abnähen.

Die Motive Elefant, Lotosblüte und Mandala sind als Vorlage auf den Seiten 21–25 abgebildet und können auf die Sitzkissenmaße entsprechend vergrößert werden.

OM
Die Hindus glauben, dass OM den Schallwellen entspricht, die der Erschaffung des Universums zugrunde liegt. Es gilt als sehr kraftvolles Mantra.

Bunte Schnüre mit Herzen

Material
Perlen (aus Holz, Glas, Metall oder andere), Herzen aus Blech, Filzkugeln (Bastelgeschäft oder selbst hergestellt), Nylonfaden (Stärke 0,35 mm), evt. Edelsteine in passender Farbe

Verarbeitung
- Der Nylonfaden wird doppelt genommen und durch das Loch oben im Herz gezogen; ein Knoten ergibt etwas Halt.
- Perlen auffädeln; bei den Filzkugeln benötigt man zum Auffädeln eine Nadel, durch die zunächst die Nylonfäden gezogen und anschließend die Filzkugeln aufgezogen werden.
- Zum Aufhängen wird oben eine Schlaufe gelegt und verknotet. Den Knoten mit Kleber befestigen, damit er sich nicht wieder auflöst.

Herstellen der Filzkugeln

Material
- Filznadeln (mittlere Stärke)
- Kammzugwolle in den Farben gelb, orange, pink, grün, llila, blau
- Schaumstoffplatte als Unterlage, Höhe ca. 5 cm

Verarbeitung
Kammzugwolle als kleinen Strang abziehen, übereinanderlegen und mit den Nadeln immer wieder einstechen. Die runde Form entsteht, indem die Wolle immer rundherum aufgelegt wird und von allen Seiten mit den Nadeln bearbeitet wird.
Auf die Blechherzen kann man »Edelsteine« in den passenden Farben zu den Filzkugeln kleben.

Hier können Sie aus dem Vollen schöpfen! Wer gerne mit textilen Materialien arbeitet, liebt seine Schatzkiste der kleinen Restchen. So manches Einzelstück, das seinen Einsatz noch nicht wusste, bekommt hier einen ehrenvollen Platz. Alles lässt sich kombinieren: Nähmaschine, Punchmaschine, die eigene kreative Hand, die malt, näht, stickt …

Eine Grundlage, auf der Sie ihr Motiv weitergestalten, kann vieles sein. Papier, Stoff, Wolle, …

Lassen Sie Ihrer Fantasie freien Lauf und genießen Sie Ihr kreatives Tun mit Freude!

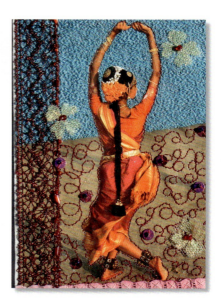

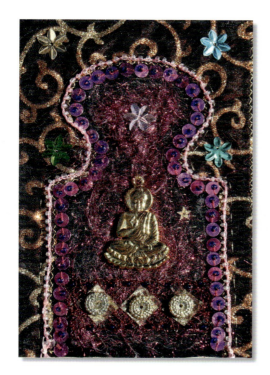

Es gibt keinen Weg zum Glück

Glück ist der Weg

Zu meiner Person
Eine Quelle der Inspiration entwickelte sich aus meinem Beruf. Sehr bereichernd erlebe ich die Jahre an einer Augsburger Schule mit Menschen aus verschiedenen Erdteilen. Durch die Faszination anderer Kulturen will Erlebtes umgesetzt und wiederum weitergegeben werden. Dies ermögliche ich auch als Malatelierleiterin nach Arno Stern (Paris) und psychologische Astrologin.

Ein von Herzen kommendes Dankeschön richte ich an alle, die mir dieses Projekt ermöglicht haben!

Textile Ausstellungen
- 2005 Ausstellungsbeteiligung europäischer Künstler im Arts Center, Dublin
- 2006 Ausstellungsbeteiligung beim Thema »Mensch-Technik-Natur«, Saulgau
- 2007 Ausstellung im Botanischen Garten, Augsburg
- Teilnahme an der europ. Wanderausstellung von Pascal Goldenberg »Fäden verbinden Frauen«
- 2008 Ausstellungsbeteiligung am »Poesie-Paket« im Rahmen des Augsburger PAX-Festes
- 2009 Ausstellungsbeteiligung bei der Wanderausstellung »Quilts für Malawi«

Fotos
Angelika Prem
Christian Sutter

Kontakt
farbtupfer@gmx.de

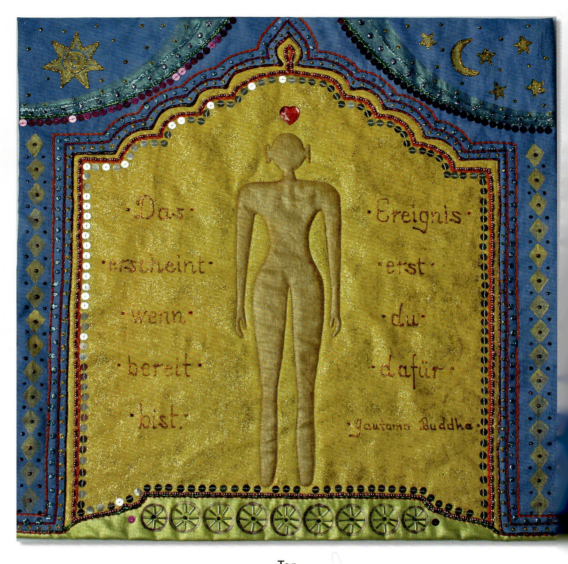

Tor
Das Ereignis erscheint erst, wenn du bereit dafür bist.
Gautama Buddha